O ESPÍRITO DO GUERREIRO

Outras obras de Steven Pressfield
publicadas pela Editora Contexto

Portões de fogo
A porta dos leões

Consulte nosso catálogo completo e últimos lançamentos
em **www.editoracontexto.com.br**.

O ESPÍRITO DO GUERREIRO

STEVEN PRESSFIELD

Tradução
Mirna Pinsky

editora**contexto**

Direitos para publicação no Brasil adquiridos pela Editora Contexto (Editora Pinsky Ltda.)

Montagem de capa e diagramação
Gustavo S. Vilas Boas

Tradução
Mirna Pinsky

Preparação de textos
Lilian Aquino

Revisão
Vitória Oliveira Lima

Dados Internacionais de Catalogação na Publicação (CIP)

Pressfield, Steven
O espírito do guerreiro / Steven Pressfield ; tradução de Mirna Pinsky. 1. ed., 1ª reimpressão. – São Paulo : Contexto, 2020.
128 p.

Bibliografia
ISBN 978-85-520-0173-7
Título original: The Warrior Ethos

1. Desenvolvimento pessoal 2. Autoajuda 3. Virtudes 4. Caráter I. Título II. Pinksy, Mirna

19-2799   CDD 179.9

Angélica Ilacqua CRB-8/7057

Índice para catálogo sistemático:
1. Desenvolvimento pessoal

2020

Editora Contexto
Diretor editorial: *Jaime Pinsky*

Rua Dr. José Elias, 520 – Alto da Lapa
05083-030 – São Paulo – SP
PABX: (11) 3832 5838
contato@editoracontexto.com.br
www.editoracontexto.com.br

Os espartanos não perguntam quantos
são os inimigos, mas onde eles estão.

Plutarco
(Sayings of the spartans)

SUMÁRIO

PARTE II
A GUERRA EXTERIOR

PARTE III
GUERRAS INTERNAS

ESCREVENDO
SOBRE A GUERRA

Sou escritor. Escrevo sobre a guerra – guerras externas e guerras internas, guerras antigas e modernas, guerras reais, históricas, e guerras que existiram só na imaginação. Por quê? Nem eu mesmo sei...

Meu livro mais recente é *The Profession*. Ele é ambientado numa civilização futura. *The Profession* propõe um mundo no qual combatentes de aluguel se desvincularam das regras tradicionais da guerra e não estão mais ligados aos padrões de honra que regeram exércitos ocidentais desde Troia e mesmo antes. Era um território novo para mim. Surgiram questões sobre o certo e o errado que nunca tinham me ocorrido. Fui obrigado a refletir profundamente a respeito.

Por exemplo: será que um combatente precisa de uma bandeira ou de uma causa para reivindicar um código de honra? Ou um espírito de guerreiro surge espontaneamente, chamado pela necessidade e urgências do coração humano? Será que a honra está codificada em nossos genes? Do que consiste a honra – numa época em que esse conceito parece quase abandonado pela sociedade como um todo, pelo menos do Ocidente? O que é esse *Ethos* do Guerreiro? De onde surgiu? Que formato tem nos dias de hoje?

Este livro é minha tentativa de responder a essas questões. Não pretendo dar a última palavra, a resposta definitiva. São apenas pensamentos e observações de um homem sobre o tema.

O Espírito do Guerreiro foi escrito para homens e mulheres de uniforme, mas espero que sua utilidade não se limite à esfera do conflito armado literal. Todos nós enfrentamos batalhas – no trabalho, na família e além, no vasto mundo. Cada um de nós luta diariamente para definir e defender objetivos e a integridade, justificar nossa existência no planeta, e entender, ainda que só no coração, quem somos e em que acreditamos.

Somos todos guerreiros. Lutamos sob um código? Se sim, que código é esse? Qual é o Espírito do Guerreiro? Como usamos e como podemos usar esse código e ser fiéis a ele na vida interior e no mundo?

PARTE I

ACADEMIAS DE GUERRA

MÃES
IMPLACÁVEIS

Três histórias da Esparta antiga:

Um mensageiro retornou a Esparta vindo do campo de batalha. As mulheres o rodearam. Dirigindo-se a uma delas, o mensageiro disse: "Mãe, trago-lhe notícias tristes. Seu filho foi morto enfrentando o inimigo". Disse ela: "Ele é meu filho". "Seu outro filho está vivo e ileso", continuou o mensageiro. "Ele fugiu do inimigo". Ao que retrucou a mãe: "Ele não é meu filho".

Outro mensageiro retornou da guerra e foi abordado por uma mãe espartana: "Como está se saindo nosso país, arauto?". O mensageiro caiu em prantos. "Mãe, lamento por você". "Todos os seus cinco filhos foram mortos, enfrentando o inimigo". "Seu tolo", disse a mulher. "Não perguntei por meus filhos. Perguntei se Esparta estava vitoriosa!". "Na verdade, Mãe, nossos guerreiros foram bem-sucedidos". "Então estou feliz", disse a mãe, afastando-se.

Dois irmãos guerreiros, fugindo do inimigo, voltavam para a cidade. Por acaso, encontraram a mãe caminhando pela estrada e se aproximaram. Ela ergueu a saia acima da cintura e disse: "Para onde os dois pensam que estão correndo? Voltando para o lugar de onde vieram?".

A história mais famosa de mãe espartana é também a mais curta:

A mãe espartana entregou ao filho seu escudo enquanto ele se preparava para a guerra, dizendo-lhe: "Volte com ele ou sobre ele".

Esta é a cultura guerreira. Este é o *Ethos* do Guerreiro.

Um coronel espartano, homem de seus 50 anos, foi acusado de aceitar suborno em missão no estrangeiro. Sua mãe, em casa, tendo tomado ciência disso, escreveu-lhe uma carta: "Pare de furtar ou pare de respirar".

O *Ethos* do Guerreiro abarca certas virtudes – coragem, honra, lealdade, integridade, abnegação, entre outras – que, segundo a maioria das sociedades guerreiras, deve vir de berço. Em Esparta, cada menino que nascia era levado perante os magistrados para ser examinado quanto ao vigor físico. Se julgado insuficiente, era conduzido para um desfiladeiro selvagem no monte Taigeto, montanha com vista para a cidade, e ali abandonado para os lobos.

Não há registro de alguma mãe ter chorado ou protestado.

PRIMEIRO
AS MULHERES

Uma cena em meu livro *Portões de fogo* levantou mais polêmicas apaixonadas do que qualquer outra. É aquela em que o rei Leônidas de Esparta explica que critério adotou ao selecionar os 300 guerreiros para acompanhá-lo e morrer defendendo o desfiladeiro das Termópilas. A cena é ficção. Não há qualquer evidência de que tenha acontecido na realidade. Mas algo pareceu tão verossímil que deu margem a uma torrente de cartas e e-mails.

Leônidas explicou que escolheu aquele grupo de homens não por sua bravura na guerra, individual ou em grupo. Poderia facilmente ter selecionado 300 outros, ou vinte grupos de outros 300, e todos eles lutariam bravamente até a morte. Para isso é que os espartanos eram criados. Isso seria o ápice da honra para um guerreiro espartano.

No entanto, o rei não escolheu aqueles 300 campeões por essa qualidade. Escolheu-os – explicou – pela coragem de suas mulheres. Escolheu aqueles guerreiros específicos pela força de suas esposas e mães de sobreviverem à sua perda.

Leônidas sabia que defender as Termópilas seria morte certa. Não haveria força suficiente para enfrentar o fantástico número de invasores persas. Leônidas também sabia que a vitória final seria alcançada (se é que seria) nas batalhas subsequentes, lutadas não por aquele grupo de defensores iniciais, mas pelos exércitos unidos das cidades-Estado gregas nos meses e anos seguintes.

O que inspiraria esses próximos guerreiros? O que fortaleceria sua vontade de resistir – e o que os impediria de oferecer os sinais de rendição que Xerxes, o rei persa, exigia deles?

Leônidas sabia que os 300 espartanos iriam morrer. A pergunta mais importante era: como Esparta reagiria a essas mortes? Se Esparta fosse devastada, a Grécia entraria em colapso junto. Mas para quem os espartanos se voltariam nessa hora decisiva? Eles olhariam para as mulheres – para as esposas e mães dos mortos.

Se essas mulheres cedessem, se se entregassem ao choro e desespero, então todas as mulheres de Esparta também desistiriam. Esparta se curvaria, e com ela toda a Grécia.

As mulheres de Esparta, no entanto, não se dobraram e não cederam. No ano seguinte às Termópilas, a frota e o exército gregos expulsaram multidões persas em Salamis e Plateias. O Ocidente sobreviveu, em grande parte, graças às suas mulheres.

A leoa caça. A fêmea alfa defende a alcateia. O *Ethos* do Guerreiro não é, no fundo, uma manifestação apenas da agressividade do macho ou da vontade masculina de dominar. Seus fundamentos alcançam toda a sociedade. Repousam na vontade e decisão de mães e esposas e filhas – e, em muitas instâncias, em guerreiras femininas também – para defender os filhos, o solo natal e os valores de sua cultura.

A LESTE
DO ÉDEN

De onde vem o *Ethos* do Guerreiro? Por que alguém escolheria essa vida difícil, perigosa? Qual seria a filosofia por trás dessa escolha?

Uma resposta pode vir do Jardim do Éden (mito arquétipo comum a muitas culturas além da nossa judaico-cristã).

Deus colocou Adão e Eva no paraíso, onde todas as suas necessidades eram satisfeitas sem esforço. Alertou-os, porém: "Não se aproximem daquela árvore no centro do jardim". Claro, eles se aproximaram.

Mãe e pai da raça humana escolheram comer o fruto da árvore do conhecimento do bem e do mal.

Em outras palavras, escolheram se tornar humanos. Adquiriram a capacidade de consciência que, até então, pertencia apenas a Deus.

Deus os expulsa – para a terra do Exílio, a leste do Éden. E eis a maldição que Ele deita sobre Adão e Eva (e, por extensão, à raça humana para sempre):

> Doravante comereis o pão com o suor de vosso rosto.

Em outras palavras: de agora em diante, vós, humanos, terão de trabalhar para viver.

Não mais colher frutas das árvores livremente. De agora em diante, vós tereis de caçar. Tereis de capturar animais selvagens e abatê-los antes que eles vos matem.

Adão e Eva se tornaram o bando de caçadores primitivos. O bando de caçadores se tornou a tribo. E a tribo se tornou o exército.

O Espírito do Guerreiro evoluiu das necessidades básicas de sobrevivência dos bandos que carregavam lanças, arremessavam pedras e vestiam peles de animais. Essas necessidades só poderiam ser satisfeitas de forma coletiva, como grupo trabalhando em harmonia. Para juntar o bando, um *ethos* se desenvolveu – o *ethos* do caçador.

Cada virtude do guerreiro procede dessa coragem, abnegação, amor e lealdade para com os companheiros, paciência, autocontrole, determinação para tolerar adversidades. Tudo decorre da necessidade de sobrevivência do bando de caçadores.

Em um nível mais profundo, o Espírito do Guerreiro reconhece que cada um de nós também tem inimigos dentro de si. Vícios e fraquezas, como inveja e ganância, indolência, egoísmo, capacidade de mentir, trapacear e de ferir irmãos.

O princípio do Espírito do Guerreiro, voltado para dentro, inspira-nos a combater e derrotar esses inimigos que habitam nossos corações.

O SENHOR
DA GUERRA

Alexandre, o Grande, no fim da vida, ficava frequentemente acordado a noite toda, fazendo oferendas ao deus do Medo. Por quê? Porque a forma antiga da guerra era caracterizada pelo medo.

O *Ethos* do Guerreiro desenvolveu-se em contrapartida ao medo.

No período antes da pólvora, a matança era feita corpo a corpo. Para um guerreiro grego ou romano liquidar seu inimigo, ele tinha de chegar tão perto que corria o risco de ser morto pela espada ou lança do adversário. Isso produzia um ideal de virtudes masculinas – *andreia*, em grego – que reconhecia valor e honra tanto quanto vitória.

> Seja valente, meu coração [escreveu o poeta e mercenário Arquíloco]. Plante os pés e encha o peito perante o inimigo. Receba-o com lanças mortais. Mantenha seu território. Na vitória, não se vanglorie; na derrota, não caia em prantos.

Os povos da Antiguidade resistiam a inovações na guerra por temer que roubariam a luta com honra.

> Mostraram ao rei Agis uma nova catapulta que poderia atingir mortalmente a 200 jardas. Diante disso, ele se lamentou: "Deus meu, acabou-se o heroísmo".

O deus que regulava o campo de batalha era Fobos. Medo.

O INSTINTO
DE AUTOPRESERVAÇÃO

Dizem que a autopreservação é o instinto mais forte, não apenas em humanos, mas em todos os animais. Medo da morte. O imperativo da sobrevivência. A natureza implantou isso em todas as criaturas vivas.

O *Ethos* do Guerreiro desenvolveu-se para contrariar o instinto de autopreservação.

Contra esse impulso natural de fugir do perigo (especificamente de um inimigo humano armado e organizado), o Espírito do Guerreiro lista três outros impulsos humanos igualmente inatos e poderosos:

Vergonha
Honra
e Amor

CERTO
E ERRADO

Os conceitos de vergonha, honra e amor implicam julgamento moral. Certo e errado. Virtudes e vícios.

O instinto evolutivo natural de autopreservação é examinado no contexto de um código de ética – e considerado errado, nocivo, covarde, indigno.

Em contrapartida, a coragem, pelo mesmo código, é considerada boa, valente e honrosa.

Perguntaram, certa vez, ao rei espartano Agesilau qual era a suprema virtude de um guerreiro, da qual todas as outras virtudes derivavam, e ele respondeu: "Indiferença pela morte".

Coragem – em particular, a valentia frente à morte – deve ser considerada a principal virtude do guerreiro.

> Um destacamento de romanos foi interceptado em um local sem água. O comandante inimigo ordenou rendição. Os romanos declinaram. Exasperado, o comandante inimigo avisou: "Vocês estão cercados. Não têm nem água nem comida. Não têm escolha senão se render!". O comandante romano respondeu: "Não há escolha? Então nos tiraram também a opção de morrer com honra?"

O dicionário define *ethos* como:

> Caráter moral, natureza, disposição e costumes de um povo ou cultura.

Ethos é derivado da mesma raiz grega de *ética*. O *Ethos* do Guerreiro é um código de conduta – uma concepção de certo e errado, de virtudes e de vícios.

Ninguém nasce com o *Ethos* do Guerreiro, embora muitos de seus princípios apareçam naturalmente em homens e mulheres jovens de todas as culturas.

O *Ethos* do Guerreiro é ensinado no campo de futebol em Topeka, nas montanhas Indocuche, nas planícies infestadas de leões do Quênia e da Tanzânia. A coragem é formatada para os jovens pelos pais e irmãos mais velhos, mentores e anciãos. É inculcada, em quase todas as culturas, por um regime de treinamento e disciplina. Essa disciplina frequentemente culmina numa prova de iniciação. O jovem espartano recebe seu escudo; o paraquedista recebe suas "asas"; o garoto afegão recebe sua AK-47.

TRIBOS, GANGUES
E TERRORISTAS

Toda convenção respeitável tem sua versão sombria, uma manifestação falsa ou maligna, em que nobres princípios são praticados – mas de uma forma obscura que vira do avesso meios e fins. Máfias e gangues criminosas vivem sob rigorosos e sofisticados códigos de lealdade, disciplina e honra. Assim como organizações terroristas. Isso torna seus membros guerreiros? Será que esses grupos praticam o *Ethos* do Guerreiro? Quando "honra" não tem honradez?

Para responder isso, precisamos considerar a natureza das tribos. Quais são as características sociais, culturais e políticas das tribos?

Vejamos: tribos são hostis a estranhos. Isso vale para virtualmente todas as tribos em todas as partes do globo e em todas as épocas históricas, dizem os antropólogos. Tribos estão perpetuamente em guerra entre elas.

Tribos praticam o primado da honra. Tribos são governadas não pela regra da lei, mas por um código de honra (*nang*, em pashto*). Códigos tribais exigem retaliação (*badal*). Qualquer insulto à honra precisa ser vingado.

Tribos valorizam a lealdade e a solidariedade. Tribos reverenciam os mais velhos e os deuses. Tribos resistem à mudança. Tribos oprimem as mulheres. Tribos valorizam a capacidade de suportar o sofrimento.

Tribos são pacientes. O tempo não tem importância no esquema tribal. Quando

---

* N.T.: Pashto é uma das línguas nacionais do Afeganistão.

invadidas, tribos esperam com paciência até que o inimigo se canse e volte para casa.

"Vocês têm os relógios", diz o Talibã, "mas nós temos o tempo".

Tribos são ligadas à terra e extraem força da terra. Tribos lutam com todas as forças em defesa do solo pátrio.

Tribos são adaptáveis; assumirão qualquer forma ou coloração temporariamente, se for necessário, para a sobrevivência a longo prazo. Tribos farão aliança com tribos inimigas para repelir a ameaça maior de um invasor e, assim que o invasor for rechaçado, voltarão a se atacar.

Há muito que se admirar nessas características. De fato, pode-se argumentar que o exército americano vem treinando homens e mulheres jovens para torná-los uma tribo. Não é difícil entender por que tribos, mundo afora, são forças de combate tão formidáveis.

No entanto, a mentalidade tribal tem dois atributos potencialmente perigosos, que podem fazer com que seus praticantes sejam vítimas do que chamaríamos de "tribalismo sombrio" ou "tribalismo criminoso", particularmente no mundo moderno pós e antitribal.

Em primeiro lugar, tribos existem apenas para si próprias. Um estranho (a menos que esteja protegido pela obrigação de hospitalidade) não é considerado um ser humano do mesmo modo que um membro da tribo e, por isso, não está protegido pelas mesmas noções de irmandade. Tribos são as origens das entidades do "nós contra eles".

Quando esse aspecto da cultura da honra é transplantado para uma doutrina criminosa, política ou extremista religiosa – como máfia, Irmandade Ariana, Al-Qaeda –, o passo seguinte é a desumanização e demonização do inimigo.

O *Ethos* do Guerreiro, pelo contrário, exige respeito pelo inimigo. Ao adversário é dada deferência como combatente e defensor de seu território e valores. De Ciro a Alexandre, de gregos e romanos a Rommel e o Afrikakorps[*] da Alemanha (com alguns

---

[*] N.T.: Corporação Africana alemã, força expedicionária na Campanha do Norte da África, na Segunda Guerra Mundial.

notórios lapsos, diga-se de passagem), o inimigo de hoje era considerado um potencial amigo futuro – e, assim, era-lhe atribuída humanidade plena.

Em segundo lugar, tribos têm, por definição, limitação de tamanho (uma vez que laços sociais são geralmente consanguíneos ou de parentesco) e, assim, se sentem sempre vulneráveis a rivais maiores ou mais fortes. Tribos vivem com uma mentalidade persecutória. Sentem-se cercados, superados em número e sempre em perigo. De novo, leia-se: turba, gangues de prisão, Al-Qaeda.

Assim, a mentalidade tribal não se furta a abraçar o conceito de guerra irregular, levando isso ao limite, ao terrorismo e além. Se o inimigo é maior, mais forte e tecnologicamente mais avançado do que nós – pensa a turba/a gangue/o terrorista –, justifica-se usar todo e qualquer método para atacá-lo.

Organizações criminosas e terroristas praticam códigos de honra tribais, mas não praticam o *Ethos* do Guerreiro. São "tribos das sombras". Não são guerreiros. Na prática do terror, na verdade, a organização terrorista aproveita o fato de o inimigo abraçar o *Ethos* do Guerreiro para usá-lo contra ele. De que maneira? Violando o código de honra tribal do guerreiro da forma mais chocante e extrema: isto é, atingindo alvos civis, usando mulheres e crianças como escudos etc.

O objetivo do terrorista ao fazer isso é violar e aterrorizar o senso de honra do inimigo, para que este conclua que "esse povo é fanático, louco" e decida ou se render às exigências do terrorista ou enfrentá-lo, descendo ao nível moral do inimigo.

O que Leônidas pensaria de afogamento ou extradição forçada? Como Ciro, o Grande, enxergaria a prática de ataques suicidas com bomba ou de decapitações no YouTube?

A DIFERENÇA
ENTRE CULPA E DESONRA

Segundo sociólogos, há dois tipos de culturas: baseadas na culpa ou baseadas na desonra.

Indivíduos de uma cultura baseada na culpa internalizam as concepções de certo e errado de sua sociedade. O pecador sente o crime em suas entranhas. Não precisa que ninguém o condene ou sentencie: ele próprio se condena e sentencia.

A cultura ocidental é baseada na culpa. Como o Deus judaico-cristão vê e conhece nossas ações e os mais íntimos pensamentos, sentimo-nos sempre culpados de algo, e a única saída é alguma forma de perdão, absolvição ou graça divinas.

Uma cultura baseada na desonra é o contrário. Nesse tipo de cultura, a "aparência" é tudo. Tudo que importa é o que a comunidade vê em nós. Se tivermos praticado um assassinato, mas conseguirmos convencer os companheiros de que somos inocentes, estamos livres. Por outro lado, se a comunidade vê malignidade em nós – mesmo que sejamos inocentes –, perdemos o prestígio e a honra. A morte torna-se preferível à vida.

Uma cultura baseada na desonra impõe valores sobre o indivíduo, vindos da opinião favorável ou desfavorável do grupo. A comunidade aplica o código em seus membros com afastamento e humilhação pública.

O código de conduta japonês conhecido por Bushido* é baseado na desonra; incita os considerados covardes ou traidores a cometer suicídio ritual. As culturas

---

* N.T.: Literalmente "caminho do guerreiro", é um código de conduta e modo de vida para os samurais (classe guerreira do Japão feudal ou bushi).

tribais do Pashtunistão* são baseadas na desonra. A Marinha americana é alicerçada na desonra. Assim como foram os romanos, os macedônios de Alexandre e os antigos espartanos.

> As donzelas de Esparta aprendiam canções de zombaria para humilhar qualquer jovem que mostrasse falta de coragem em batalha. Quando um guerreiro acusado de ser covarde voltava para a cidade, as lindas jovens o rodeavam, zombando dele e o difamando com essas canções humilhantes.

Lembremos da mãe espartana que ergueu a saia para punir seus filhos: "Para onde estão correndo – voltando para o lugar de onde vieram?".

Se um jovem de Esparta deixava de mostrar coragem em uma batalha, era abandonado pela noiva. Os magistrados não lhe permitiriam casar, ou se já fosse casado, ele e a esposa seriam proibidos de terem filhos.

---

* N.T.: Área onde vivem pashtuns no Afeganistão e Paquistão.

Se o guerreiro tivesse irmãs em idade de casar, seus pretendentes seriam obrigados a se afastarem delas.

Nas Termópilas em 480 a.C, cada um dos 300 espartanos sucumbiu resistindo aos invasores persas, com exceção de um, o guerreiro chamado Aristodemos, que foi afastado no último minuto por causa de uma inflamação nos olhos que o deixou temporariamente cego. No ano seguinte, os espartanos enfrentaram novamente os persas em Plateias, no centro da Grécia. Nessa ocasião, Aristodemos estava saudável e lutou na frente. Quando a batalha terminou, todos que viram suas ações concordaram que Aristodemos merecia o prêmio de valor, tão brilhante e inabalável foi sua coragem. Mas os magistrados se recusaram a lhe conceder essa honra considerando que ele tinha sido impulsionado por tamanha vergonha que arriscara a vida de forma imprudente, buscando a morte deliberadamente.

O OPOSTO DE DESONRA
É DIGNIDADE

Certa vez, na Índia, após anos em campanha, os combatentes de Alexandre ameaçaram se amotinar. Estavam exaustos e queriam voltar para casa. Alexandre convocou uma assembleia. Quando o exército se reuniu, o jovem rei deu um passo a frente e desnudou-se.

"Essas cicatrizes em meu corpo", declarou, "foram adquiridas em defesa de vocês, meus irmãos. Cada ferimento, como podem ver, está na parte da frente de meu corpo. Que se apresente aquele que sangrou mais do que eu, ou que resistiu mais. Apontem-me esse guerreiro e eu me renderei à exaustão de vocês e voltarei para casa". Nenhum homem se apresentou. No lugar disso, elevou-se uma aclamação do exército. Os homens suplicaram ao rei que os desculpasse pela falha de espírito e lhe pediram que os conduzisse adiante.

Desafiando-os a mostrar mais cicatrizes do que as dele, Alexandre estava envergonhando os homens. Culturas de guerreiros (e líderes de guerreiros) arrolam a desonra, não só como o oposto do medo, mas como uma incitação à honra, à dignidade. O guerreiro avançando na batalha (ou simplesmente resolvendo se manter na luta) tem mais medo do descrédito de seus irmãos do que das lanças do inimigo.

DE MENINOS
PARA HOMENS

Quando eram meninos, Alexandre e seus amigos eram forçados a tomar banho em rios gelados, correr descalços até que as solas ficassem calejadas, cavalgar o dia inteiro sem comida ou bebida e aguentar chicotadas e humilhações rituais. Nas raras ocasiões em que descansavam, seus treinadores os advertiriam: "Enquanto vocês estão repousando, os filhos dos persas treinam para derrotá-los em batalha".

Em Esparta, os meninos permaneciam com as mães até completarem 7 anos. Nessa idade, eram tirados das famílias e alistados na *agoge*, "a Formação". Esse treinamento se estendia até os 18 anos, quando enfim eram considerados guerreiros adultos e alistados no exército.

No treinamento, os meninos recebiam uma vestimenta, uma capa grosseira que usariam o ano todo. Dormiam sempre ao relento. Cada menino carregava uma espécie de foice denominada *xyele*. Não podiam dormir em camas; em vez disso, tinham de construir, toda noite, abrigos feitos com junco colhido no rio. Não lhes permitiam cortar o junco com o *xyele*; tinham de cortá-lo com as mãos.

O alimento dos meninos era mingau de sangue de porco. Um enviado persa que provou um pouco desse mingau disse:

Agora entendo a coragem espartana na batalha. Certamente, a morte é preferível a ser obrigado a ingerir essa lavagem.

E, além de desagradável, a comida que os meninos recebiam era pouca. Em vista disso, eram encorajados a roubar. Roubar não era crime, mas ser pego era. O garoto que fosse pego era chicoteado. Chorar seria considerado sinal de covardia. Houve garotos espartanos que morreram chicoteados sem soltar um ruído.

> Na minha época [disse o historiador Plutarco, século I], turistas viajavam centenas de quilômetros para testemunhar esses açoitamentos e contemplar a coragem dos garotos que os suportavam em silêncio.

Havia uma corrida anual em Esparta entre meninos. Corriam 16 quilômetros descalços, carregando água na boca. Não era permitido engolir nada da água. Ela tinha de ser cuspida toda no final da corrida.

Garotos espartanos não podiam se dirigir aos mais velhos, a menos que fossem interpelados. Quando abordados por alguém mais velho, tinham de permanecer com as mãos respeitosamente dentro de suas vestes rústicas, olhando para o chão.

Certa vez, um garoto espartano roubou uma raposa e escondeu-a sob a roupa. Guerreiros adultos que passavam por ali, interpelaram-no sobre algo não relativo ao roubo. Dentro da roupa, a raposa começou a morder a barriga do menino. Sem dar um pio, ele preferiu deixar a fera sangrá-lo até a morte a chorar e revelar o que tinha feito.

PARTE II

A GUERRA EXTERIOR

TERRA
INÓSPITA

Muitas culturas guerreiras surgiram em ambientes hostis. Gregos e macedônios, romanos e russos, e mesmo britânicos e japoneses, isolados em suas ilhas de poucos recursos; assim como os masai e os apaches; zulus e beduínos; os clãs das montanhas escocesas; no Afeganistão, as tribos pashtuns de Indocuche. Nos Estados Unidos, a região montanhosa de Virginia e West Virginia, Kentucky, Tennessee e sul de Missouri (além das Carolinas, Georgia e

Texas) produziram excelentes soldados desde a Guerra Civil até o presente.

O interessante sobre povos e culturas de ambientes hostis é que eles quase nunca decidem sair dali. Quando os persas sob Ciro, o Grande (que veio das inóspitas montanhas Zagros, hoje no Irã), conquistaram a planície Medes há cerca de 2600 anos, os conselheiros do rei supuseram que Ciro abandonaria sua terra natal estéril e rochosa e se estabeleceria nos agradáveis e férteis vales de Medes. Mas Ciro sabia, como diz o ditado, que "terras macias criam povos indolentes". Sua resposta a isso ficou famosa:

> É melhor viver numa terra inóspita e governar, do que lavrar ricas planícies como escravo.

Quando Alexandre invadiu o Afeganistão em 330 a.C., aliou-se a numerosas tribos e se propôs a melhorar e facilitar a vida delas construindo estradas nos vales, a fim de que pudessem negociar e prosperar. No ano seguinte, depois do inverno, Alexandre encontrou todas as estradas destruídas. As tribos para as quais construíra as estradas tinham feito isso. Não queriam promover comércio ou prosperidade; preferiam o isolamento e a liberdade.

O conceito de terra hostil também pode ser aplicado psicologicamente.

Um conhecido sargento de artilharia da Marinha americana costuma explicar a seus jovens fuzileiros navais quando reclamam sobre a remuneração que eles têm dois tipos de salário: o financeiro e o psicológico. O financeiro é realmente reduzido, diz ele. Mas o psicológico? Orgulho, honra, integridade, a oportunidade de fazer parte de uma corporação com histórico de missão, valor e glória; oportunidade de ter amigos que sacrificariam a vida por você, como você sacrificaria a sua por eles – e saber que permanecerá como parte dessa irmandade enquanto viver. Quanto vale isso?

COMO OS ESPARTANOS SE TORNARAM OS ESPARTANOS

Todas as culturas guerreiras começam com um grande homem.

Na Esparta antiga, esse homem foi Licurgo. Ele converteu uma sociedade comum em uma cultura guerreira.

Para que homem algum tivesse justificativa de se sentir superior a outro, Licurgo dividiu o território em 9.000 áreas idênticas. Cada família recebeu uma área. Além disso, decretou que os homens não seriam mais chamados "cidadãos", mas "pares" ou "iguais".

Para que nenhum homem competisse com outro ou se exibisse pela riqueza, Licurgo baniu o dinheiro. Uma moeda para comprar um filão de pão era de ferro e tinha o tamanho da cabeça de um homem, pesando mais de 13 quilos. Essa cunhagem era tão ridícula que os homens deixaram de cobiçar riqueza, trocando-a por virtude.

Licurgo aboliu todas as ocupações, exceto a de guerreiro. Decretou que nenhum nome poderia ser inscrito em um túmulo, exceto o de uma mulher que morreu no parto ou de um homem morto em batalha. Um espartano entrava no exército aos 18 anos e permanecia em serviço até os 60 – Licurgo considerava qualquer outra ocupação inadequada para um homem.

Certa vez, um espartano visitou Atenas. Seu anfitrião ateniense promoveu um banquete em sua homenagem. Pretendendo se exibir para o hóspede, o ateniense foi indicando vários personagens ao redor da mesa. "Este homem é o maior escultor da Grécia", declarou, "e aquele cavalheiro ali é o nosso mais refinado arquiteto". O espartano apontou um serviçal de sua equipe e disse: "Pois este homem aqui faz uma sopa deliciosa".

Os atenienses, evidentemente, eram guerreiros notáveis à sua maneira. Ésquilo, o grande dramaturgo, escrevendo o próprio epitáfio, não fez menção alguma a suas 90 peças ou a qualquer outra realização civil:

Aqui jaz Ésquilo, o ateniense. De sua coragem na Batalha de Maratona, os persas de longas cabeleiras têm muito a contar.

Licurgo decretou que nenhum homem com menos de 30 anos podia jantar em casa com a família. No lugar disso, instituiu "refeições compartilhadas" de 14 ou 15 homens, pertencentes ao mesmo pelotão ou unidade militar. Sobre a soleira de cada sala, havia este letreiro:

Fora desta porta, nada.

O objetivo da refeição compartilhada era unir os homens como amigos. "Mesmo cavalos e cães que são alimentados juntos", observou Xenofonte, "formam laços e se tornam ligados entre si".

A compensação ocorria, é claro, no campo de batalha.

Eis como os espartanos se casavam. Licurgo queria encorajar a paixão, porque sentia que uma criança – um menino – concebido no cio se tornaria um guerreiro melhor. Assim, um jovem marido espartano não podia viver com sua noiva (passava o dia todo treinando e dormia com seus colegas). Para consumar seu amor, o jovem precisava abandonar furtivamente os colegas e voltar sorrateiramente antes de ser descoberto.

> Era comum um jovem marido, casado por quatro, cinco anos, não ter ocasião de ver sua mulher durante o dia, exceto em eventos públicos e festivais religiosos.

O OPOSTO DE MEDO
É AMOR

A maior antítese do medo, acreditavam os antigos, é amor – o amor de cada guerreiro para com seus irmãos de armas. Nas Termópilas, na manhã final, quando os derradeiros sobreviventes espartanos sabiam que morreriam, viraram-se para um dos líderes, o guerreiro Dienekes,* e lhe perguntaram em quais pensamentos deveriam se concentrar nas horas finais para manterem a coragem. Dienekes os instruiu a lutar não

---

* N.T.: General espartano que atuou ao lado de Leônidas, em 480 a.C.

em nome de conceitos grandiosos como patriotismo, honra, dever ou glória. "Nem lutem", disse ele, "para proteger sua família ou sua pátria".

Lutem apenas para isto: pelo homem que está ao seu lado. Ele é tudo, e tudo está contido nele.

Hoje em dia, as orações dos soldados na véspera de uma batalha continuam não sendo "Senhor, me poupe", mas "Senhor, não me deixe me mostrar indigno dos meus irmãos".

Civis surpreendem-se com a disposição manifestada por soldados feridos em voltar a suas unidades, voltar para a luta. Soldados, no entanto, a compreendem. Não se admiram que homens que perderam braços e pernas continuem se considerando aptos para a batalha, tão poderosa é a paixão para retornar a seus irmãos – e não decepcioná-los.

Todas as culturas guerreiras treinam os jovens a sentir esse tipo de amor. Elas determinam a homens jovens a caminho para a condição de guerreiro vestirem-se da mesma forma, comerem e dormirem da mesma maneira, falarem de forma igual, terem o mesmo corte de cabelo, suportarem os mesmos padecimentos e atingirem idêntica vitória.

Provações de iniciação são experimentadas não como indivíduos, mas como equipes, como grupos.

A coragem é inseparável do amor e leva ao que, justificadamente, pode ser a mais nobre de todas as virtudes guerreiras: a abnegação.

ABNEGAÇÃO

Plutarco perguntou: "Por que os espartanos punem com multa o guerreiro que perder seu capacete ou sua lança, mas punem com a morte o guerreiro que perder seu escudo?"

Porque capacete ou lança são levados apenas para a proteção do indivíduo; o escudo protege cada homem na formação.

O grupo precede o indivíduo. Esse princípio é central para o Espírito do Guerreiro.

Certa vez, Alexandre, liderando o exército, atravessava um deserto seco. Por milhas e milhas, a coluna avançou com homens e cavalos terrivelmente sedentos.

De repente, um destacamento de batedores voltou galopando até o rei. Tinham encontrado uma pequena nascente e conseguido encher um capacete com água. Correram a apresentar o elmo para Alexandre. O exército permanecia parado, observando. Os olhos de todos os homens estavam fixos no comandante. Alexandre agradeceu aos batedores por lhe terem trazido esse presente e, sem tocar numa gota, entornou o precioso líquido na areia. Imediatamente, uma ovação subiu da turba, rolando como um trovão de uma ponta a outra da coluna. Alguém exclamou: "Com um rei como esse nos liderando, força alguma na terra poderá nos derrotar".

Há outra história de Alexandre. Quando se preparava para sair da Macedônia para um assalto sobre o Império Persa, reuniu todo o exército, oficiais e soldados, em um grande festival num lugar chamado Dium, na Costa da Magnésia.[*]

Quando o exército estava reunido, Alexandre pôs-se a distribuir todos os seus bens. Para os generais, deu propriedades rurais (todas pertencentes à coroa); deu áreas florestais para os coronéis, locais de pesca, concessões de mineração e áreas de reservas para caça aos oficiais de média graduação. Cada sargento recebeu uma fazenda; mesmo soldados rasos receberam chalés e terras pastoris e gado. No ápice dessa noite extraordinária, os soldados conclamavam o rei a parar. A um amigo que lhe perguntou "Mas o que vai ficar para você?", Alexandre respondeu: "Minhas esperanças".

Abnegação produz coragem porque aproxima os homens e prova a cada indivíduo que ele não está só. O ato de generosidade evoca no receptor o desejo de retribuir. Os

---

[*] N.T.: Costa da Magnésia é uma região da Tessália, Grécia.

homens de Alexandre sabiam, pelo extraordinário gesto de generosidade do rei, que os despojos de qualquer vitória também seriam repartidos com eles - seu jovem comandante não os conservaria para si. A História nos conta que isso não era um gesto calculado ou de grandiosidade disfarçada da parte de Alexandre. Era a mais autêntica paixão, do fundo do coração. Ele realmente não se importava com coisas materiais; amava seus homens e tinha o coração voltado para a glória e grandes conquistas.

Em outra ocasião, o exército de Alexandre cruzava arduamente as montanhas num rigoroso inverno. Um velho soldado desgarrou-se e chegou ao acampamento todo congelado pela nevasca, sem conseguir enxergar ou ouvir.

As tropas ao redor da fogueira deram lugar ao veterano, prepararam-lhe um caldo quente e o ajudaram a se descongelar. Quando o velho soldado se recuperou o suficiente para perceber seu entorno, deu-se conta de que o jovem guerreiro que lhe oferecera o próprio lugar ao lado do fogo era Alexandre. Imediatamente levantou-se, desculpando-se por tomar o lugar do rei. "Não, meu amigo", disse Alexandre, colocando a mão no ombro do soldado e fazendo-o sentar-se. "Você é mais Alexandre do que eu".

CONDECORAÇÕES
POR BRAVURA

Condecoração por bravura, da Antiguidade aos dias de hoje, raramente premiaram atos de crueldade ou massacres. O feito que inspira testemunhas a agraciar alguém quase sempre é a abnegação. O herói (embora praticamente nenhum homenageado se autodenomine assim) muitas vezes age tanto para preservar seus companheiros quanto para destruir o inimigo.

Em condecorações públicas, estas frases são recorrentes:

"Desprezando sua própria segurança..."

"Sem considerar sua própria vida..."

"Embora ferido várias vezes e necessitando desesperadamente cuidar de si próprio..."

Abnegação. O grupo é mais importante do que o indivíduo.

"SIGAM-ME!"

Durante a Guerra dos Seis Dias, a Guerra de Yom Kipur, e em todos os conflitos que se seguiram, as baixas sofridas pelos comandantes superaram em muito, proporcionalmente, as sofridas pelos subordinados. Por quê? Porque o primeiro princípio de liderança que os oficiais israelenses aprendem é "Sigam-me".

Durante a Campanha do Sinai em 1956, o comandante de um regimento blindado violou ordens e investiu sobre Mitla Pass,* sacrificando grande nú-

---

* N.T.: Mitla Pass é uma passagem elevada no Sinai que penetra 32 quilômetros no Egito.

mero de homens e veículos para conquistar uma importante posição que mais tarde foi abandonada. Apesar da afronta pública desse ato de insubordinação, o comandante em chefe israelense, o general Moshe Dayan, recusou-se a punir a indisciplina: "Nunca punirei um oficial por ousar demais, só por ousar de menos".

Nos conflitos históricos de Rio Granicus, Issus e Gaugamela,[*] as ordens dadas por Alexandre, o Grande, eram estas: tropas montadas à esquerda, infantaria no centro, "Escudos de Prata" à direita, depois a Cavalaria de Elite. À frente do destacamento de 1.600 homens, seguia o próprio Alexandre, montado em seu cavalo de guerra, Bucéfalo, usando um capacete de plumas duplas que podia ser visto por todos os homens do exército. Liderava na vanguarda e se orgulhava de ser o primeiro a atacar o inimigo.

---

[*] N.T.: Três batalhas travadas por volta de 334 a.C. por Alexandre contra os persas.

Esse é o conceito de liderar pelo exemplo. E também abarca o preceito antigo de que matar o inimigo não é honrável, a menos que o guerreiro se posicione igualmente em perigo – dando ao adversário a mesma oportunidade de matá-lo.

Bushido, o código de conduta samurai, proibia ao guerreiro se aproximar do inimigo de forma furtiva. A dignidade exigia que ele se expusesse inteiramente e desse chance ao adversário de se defender.

Durante a campanha de 1940-42 no norte da África, o marechal de campo Erwin Rommel comandou as tropas tão na dianteira que por três vezes se imiscuiu entre as hostes inimigas britânicas, e só escapou por pura sorte e ousadia. A agressividade de Rommel se equiparava a seu senso de justiça e dignidade.

> Um regimento do Afrikakorps cercou uma bateria da artilharia britânica e exigiu rendição. O capitão alemão tinha capturado um oficial inglês chamado Desmond Young; com um revólver na mão, o capitão mandou

Young ordenar a seus homens que se rendessem. Young se recusou. Nesse momento, Rommel apareceu em um veículo. O capitão explicou a situação, certo de que Rommel, seu general, iria apoiá-lo. Em vez disso, a Raposa do Deserto ordenou ao capitão que afastasse a arma e deixasse de exigir que o prisioneiro britânico ordenasse rendição a seus homens. "Um ato assim", disse Rommel, "conflita com as convenções de honra da guerra". Ordenou ao capitão que encontrasse outra solução, enquanto ele acolhia Young e lhe oferecia água fresca e chá de seu próprio cantil.

Desmond Young, alguns anos mais tarde, escreveu *Rommel: a raposa do deserto*, a primeira grande biografia do comandante do Afrikakorps.

ALEGRIAS DA PENÚRIA

Entre as forças de elite americanas, a Marinha não se destaca especialmente pelos padrões de força, aptidão atlética e vigor físico. O que distingue os fuzileiros navais é a capacidade de resistir à adversidade. Os fuzileiros navais têm um orgulho obstinado em receber uma ração mais fria, um equipamento de baixa qualidade e apresentar índices mais altos de feridos do que outros setores militares. Isso vem desde a batalha da floresta de Belleau* e mesmo antes, mas

---

* N.T.: Importante batalha na Primeira Guerra Mundial, travada na França, em 1918, contra os alemães.

realmente se impôs durante as excepcionalmente duras e sangrentas batalhas em Tarawa e Iwo Jima, Chosin Reservoir e Khe Sanh.* Os fuzileiros navais têm orgulho em aguentar o inferno. Nada os enfurece mais do que saber que uma tarefa sórdida e perigosa foi dada para o Exército e não para eles. É uma afronta à sua dignidade.

Este é outro elemento-chave do Espírito do Guerreiro: o desejo e o anseio de abraçar a adversidade.

Em 1912, o explorador da Antártica Ernest Shackleton buscava voluntários para uma expedição ao Polo Sul. Colocou este anúncio no *London Times*:

> Buscam-se homens para excursão perigosa, com baixo soldo, frio intenso, longos meses em completa escuridão, perigo constante, retorno incerto; honra e reconhecimento em caso de sucesso.

---

* N.T.: Batalhas das décadas de 1940, 1950 e 1960 em várias regiões.

Na manhã seguinte, cinco mil homens se apresentaram voluntariamente.

A recompensa de uma vida de adversidade é a liberdade. Conta-se uma história de tribos no antigo Afeganistão. Quando Alexandre estava se preparando para invadir as terras selvagens dos citas[*] em 333 a.C., a delegação de uma tribo foi até ele e o aconselhou, para seu próprio bem, a não se aproximar. "No final", advertiram os citas, "você e seu exército vão se arrepender como todos os invasores no passado – como seu amigo Ciro, o Grande que foi morto no norte de Mazar-e-Xarife[**] e cujo corpo nunca foi recuperado".

"Você pode nos derrotar", disseram os anciãos da tribo, "mas nunca derrotarão nossa pobreza".

O que os citas afirmavam era que eles poderiam aguentar adversidades maiores do que Alexandre e seus macedônios.

---

[*] N.T.: Povo que viveu entre os séculos IX e IV a.C. nas terras que hoje são o Irã.

[**] N.T.: Cidade do Afeganistão.

Quando os espartanos e seus aliados venceram os persas em Plateias, em 479 a.c., os despojos incluíam as grandes tendas do rei Xerxes, junto com os cozinheiros do rei, garçons responsáveis pelo vinho e criados da cozinha. Como piada, o rei espartano Pausânias ordenou que os chefs persas preparassem um jantar típico, como o que fariam para o rei persa. Enquanto isso, fez seus próprios cozinheiros produzirem algo nos moldes de uma refeição espartana.

Os chefs persas produziram um grande banquete, composto de múltiplos pratos, servidos em baixelas de ouro e acompanhados pelos mais suntuosos bolos e iguarias. A boia espartana era pão de cevada e um cozido de sangue de porco. Quando os espartanos viram as duas refeições lado a lado, caíram na gargalhada. E Pausânias comentou: "Quanto os persas caminharam para nos roubar de nossa pobreza!".

DEVER, HONRA, PÁTRIA

Se a vergonha é negativa, a honra é positiva. *Nang*, em pashto, é honra; *nangwali* é o código de honra pelo qual o guerreiro de tribos pashto vive. Bushido é o código samurai. Todo estúdio de tatuagem próximo à base da Marinha americana oferece, em variados visuais, a seguinte frase:

Morte antes da Desonra

Nas culturas guerreiras – dos sioux e comanches aos zulus e pashto montanheses –, a honra de um homem é seu bem maior. Sem ela, a vida não tem sentido.

Em 413 a.C., os espartanos enviaram o general Gylippus para auxiliar seus aliados sicilianos na cidade de Siracusa, então cercada pelos atenienses. A primeira missão de Gylippus seria escolher, entre a população civil, homens que pudessem ser os melhores comandantes militares. Gylippus instruiu seus tenentes a não buscar homens que almejassem riqueza ou poder, mas aqueles que buscassem honra.

Honra, em códigos tribais, é um imperativo grupal. Se um homem for insultado em sua honra, a ofensa será sentida por todos os varões da família. Todos estão ligados entre si para desagravar a afronta.

A marca de honra americana está inculcada nos campos de futebol, no vestiário e na rua: não se curvar perante ninguém, rebater cada insulto, nunca demonstrar medo ou fraqueza. Ser firme, nunca desistir.

Em 480 a.C. nas Termópilas, Xerxes, rei persa, comandando um exército de dois milhões de homens, exigiu que Leônidas, rei de Esparta, e seus quatro mil homens depusessem as armas. Leônidas respondeu em duas palavras:

Molon labe
(Venham pegá-las)

Quem for para Termópilas hoje se deparará com a estátua de Leônidas. Nela, encontram-se apenas essas duas palavras.

Leônidas foi superado pelo general de brigada americano Anthony McAuliffe. Cercado pelos alemães em Bastogne, na Segunda Guerra, o comandante da guarnição aérea 101 reagiu com uma só palavra à ordem de rendição do inimigo:

Maluquice!

Culturas guerreiras empregam honra, junto com a vergonha, para produzir coragem e se instalar nos corações dos jovens.

Honra é o salário psicológico de uma unidade de elite. Orgulho é a posse da honra.

A honra está ligada a muitas coisas, mas não à felicidade. Nas culturas de honra, a felicidade como a pensamos – "vida, liberdade e busca da plenitude" – não é um bem aprovado. A felicidade em culturas de honra é a posse de uma honra imaculada. Tudo é secundário a isso.

No Ocidente, orgulho e honra são anacrônicos nos dias de hoje. Os praticantes da honra frequentemente são ironizados na cultura popular, como o coronel da Marinha personificado por Jack Nicholson no filme *Uma questão de honra*: "Você não consegue lidar com a verdade!". Ou Robert Duvall em *Apocalypse Now*: "Amo o cheiro de napalm pela manhã".

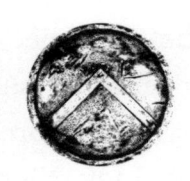

O DESEJO
DE VITÓRIA

Quando Alexandre era criança, um grupo de negociantes esteve em Pela, capital da Macedônia, vendendo cavalos de guerra treinados. O rei Felipe e seus oficiais desceram pelas planícies para experimentar as montarias naquele solo. Um cavalo chamado Bucéfalo, de longe o mais ligeiro, forte e corajoso, era no entanto tão selvagem que ninguém conseguia montá-lo. Alexandre viu o pai descartar o corcel sem fazer oferta. "Que excelente montaria você está perdendo, pai, por medo de montá-lo", disse. O rei e os oficiais acharam graça, e o rei respondeu "O que você pagaria por esse cavalo, meu filho, se conseguir montá-lo?". "Toda minha herança de príncipe", respondeu o filho. Diante disso, deixaram o garoto tentar.

Então, Alexandre percebeu algo que ninguém tinha notado: que o animal havia se assustado com a própria sombra.

Assim, afrouxou as rédeas e virou Bucéfalo para o sol. Depois, pouco a pouco, falando mansamente e afagando seu pescoço, conseguiu acalmá-lo. Em seguida, com um rápido salto, instalou-se no lombo do cavalo. Felipe e os oficiais acompanharam admirados o príncipe levar o cavalo impetuoso para a trilha e fazê-lo galopar. Será que o cavalo arremessaria e esmagaria Alexandre, quebraria seu pescoço? Calmamente, Alexandre submeteu o animal e cavalgou-o em alta velocidade por todo o circuito. Quando voltou à tribuna, foi aclamado com entusiasmo pelos oficiais, enquanto Felipe se aproximava com lágrimas nos olhos e abraçava o filho. "Busque um reino muito maior do que o nosso, meu filho. Pois a Macedônia é certamente acanhada demais para você!"

Patton disse: "Os americanos jogam para ganhar sempre. Eu não daria um centavo por um homem que perdesse e desse de ombros. É por isso que os americanos nunca perderam e nunca perderão uma guerra".

O desejo de lutar e o fascínio por ser poderoso são elementos indispensáveis do *Ethos* do Guerreiro. É também uma qualidade fundamental de liderança, porque inspira os homens e inflama seus corações com ambição e paixão para ultrapassar seus limites.

Epaminondas, grande general de Tebas, foi o primeiro a derrotar os espartanos, na Batalha de Leuctra em 371 a.C.

Na véspera da batalha, Epaminondas juntou seus guerreiros e declarou que poderia garantir a vitória na manhã seguinte, se eles jurassem realizar uma façanha *no momento que ele indicasse.* Os homens assentiram: "O que deseja que façamos?" "Quando eu soar a trombeta", disse Epaminondas, "quero que avancem um passo. Entenderam? Façam o inimigo recuar um passo". Os homens juraram fazer isso.

A batalha começou. Os exércitos colidiram e se trancaram, escudo contra escudo, cada lado se esforçando para superar o outro. Epaminondas assistia e aguardava o momento em que ambas as facções chegariam à exaustão. Então ordenou que a trombeta soasse. Os guerreiros de Tebas, lembrando-se da promessa, juntaram suas últimas forças e fizeram o inimigo recuar um passo. Foi o suficiente. A linha espartana se rompeu. Uma fuga desordenada se seguiu.

O desejo de vitória pode ser demonstrada em outras situações que não efetivamente em uma batalha.

Um general romano comandava suas legiões contra o inimigo em terras pantanosas. Sabia que no dia seguinte a batalha seria travada numa certa planície, por ser o único lugar seco e plano em milhas. Impeliu, então, o exército a noite toda, fazendo-o atravessar um pântano formidável e assustador, de forma a atingir o campo de batalha antes do inimigo e ganhar uma vantagem. Logo após a vitória, o general reuniu as tropas e perguntou: "Irmãos, quando vencemos a batalha?" Um capitão respondeu: "Senhor, quando a infantaria atacou". Outro disse "Senhor, nós vencemos quando a cavalaria invadiu". "Não", disse o general. "Nós vencemos a batalha na noite anterior, quando nossos homens atravessaram aquele pântano e conquistaram a vantagem".

MORRER
RINDO

O senso de humor do guerreiro é sucinto, reservado e sombrio. Seu objetivo é evitar o medo e reforçar a unidade e a coesão.

O *Ethos* do Guerreiro determina que o soldado zombe da dor e ria da adversidade. Eis Leônidas na última manhã nas Termópilas:

> Tenham um bom café da manhã, homens, pois vamos todos jantar no inferno.

Os espartanos gostavam de simplificar as coisas. Certa vez, um general conquistou uma cidade. Enviou a seguinte mensagem para a pátria: "Cidade tomada". Foi advertido pelos magistrados por ter sido verborrágico. Bastaria "tomada", disseram.

O rio de Atenas é o Kephisos; o rio em Esparta é o Eurotas. Certa vez, um ateniense e um espartano trocavam insultos.

"Enterramos muitos espartanos ao lado do Kephisos", disse o ateniense. "Quanto a nós", respondeu o espartano, "não enterramos ateniense algum ao lado do Eurotas".

Em outra ocasião, um bando de espartanos chegou a uma encruzilhada e deparouse com viajantes aterrorizados. "Vocês estão com sorte", disseram os viajantes. "Uma gangue de bandidos acabou de passar por aqui". "A sorte não foi nossa", respondeu o líder dos espartanos, "foi deles".

Em Esparta, a regra era deixar tudo simples. Segundo uma determinação, as vigas dos telhados teriam de ser trabalhadas apenas com uma machadinha. Assim, todas as vigas eram feitas de toras.

Certa vez, um espartano visitava Atenas, e o anfitrião lhe exibiu a própria mansão, com acabamento fino, vigas quadradas no telhado. O espartano perguntou para o ateniense se as árvores brotavam de forma quadrada em Atenas. "Não, claro que não, são redondas como todas as árvores", respondeu o ateniense. "E se elas crescessem quadradas, vocês as tornariam redondas?" perguntou o espartano.

Provavelmente, o gracejo guerreiro mais famoso é o do espartano Dienekes nas Termópilas. Quando os espartanos ocuparam o desfiladeiro, não conseguiam ver o exército persa invasor. Tinham ouvido que era grande, mas não sabiam quão grande.

Quando os espartanos estavam preparando suas posições defensivas, um nativo de Trachis, ao lado do desfiladeiro, chegou correndo no campo, sem fôlego e aterrorizado. Ele tinha visto a horda persa se aproximando.

Ao ser rodeado pelo reduzido contingente de defensores, ele contou que a multidão persa era tão imensa que quando os arqueiros disparassem as flechas, elas bloqueariam inteiramente o sol.

"Ótimo", declarou Dienekes. "Combateremos, então, à sombra".

Vários aspectos desse gracejo – e o comentário de Leônidas sobre "jantar no inferno" – merecem reflexão.

Em primeiro lugar, não se trata de piadas. São boas, mas não querem provocar o riso.

Em segundo lugar, não solucionam o impasse. Nenhum dos comentários oferece esperança ou promessa de um final feliz. Não são inspiradores. Os autores dos gracejos não pretendem glória, triunfo – ou buscam tranquilizar os companheiros, acenando com a possibilidade de uma solução positiva. Os comentários encaram a realidade. Afirmam: "Algo bem pesado está pra acontecer, irmãos, e nós vamos ter de enfrentar".

E por último, esses comentários são abrangentes. São sobre "nós". Qualquer que seja a provação, a corporação a enfrentará junta. Os gracejos de Leônidas e Dienekes tiravam o indivíduo de seu terror particular e o uniam ao grupo.

O epitáfio dos 300 (do poeta Simônides*) é limitado e conciso. Ignora quase todos os fatos da batalha – os adversários, os riscos, o evento, a data, a guerra, a razão de tudo isso. Pressupõe que o leitor já tenha ciência de tudo e coloca nele sua própria emoção.

> Forasteiros passantes, aos espartanos dizei
> Que aqui jazemos, em obediência à sua lei.

A língua do *Ethos* do Guerreiro é particular. Fala de guerreiro para guerreiro e não se importa se estranhos possam ou não compreendê-la.

---

* N.T.: Poeta grego (c. 556 a.C.-c. 468 a.C.), maior autor de epigramas do período arcaico.

PARTE III

GUERRAS INTERNAS

VÍTIMAS
DE GUERRA

Todos nós conhecemos irmãos e irmãs que lutaram com incrível coragem no campo de batalha e desabaram ao voltar para casa.

Por quê? É mais fácil ser soldado do que ser um civil?

Para o guerreiro, todas as escolhas têm consequências. Suas decisões têm sentido. O que diz e faz pode salvar (ou custar) sua vida – ou vidas de irmãos. O líder da turma, de 19 anos, e o tenente, de 23, exercem, com frequência, mais poder (e em esferas de maiores e imediatas consequências) do que seus pais aos 50, que estiveram trabalhando com dignidade e diligência a vida toda.

Será que adrenalina é viciante? E a luta? Será que esses lances de combate, infernais quando estamos metidos neles, podem ser os melhores anos de nossas vidas?

O MUNDO CIVIL

Espartanos e romanos e macedônios, persas e mongóis, apaches e sioux, masai e samurai e pashtun compartilham uma vantagem sobre os americanos: foram (e são) culturas guerreiras incrustadas em sociedades guerreiras.

Não é o caso dos Estados Unidos.

A força militar americana é uma cultura guerreira incrustada numa sociedade civil.

Essa situação é, do ponto de vista americano, altamente desejável. Uma força militar muito forte, livre de amarras civis, pode se tornar aventureira ou pior. Nenhum cidadão questiona isso ou gostaria que fosse diferente. A junta dos chefes de estado-maior responde ao Congresso e ao presidente – e no final das contas, ao povo americano. Foi essa condição que a Constituição pretendeu alcançar e que os Pais Fundadores, corretamente atentos para a concentração de poder não controlado, tinham em mente.

É, no entanto, um estado interessante – com efeitos curiosos.

Em primeiro lugar, os valores da cultura guerreira não são necessariamente compartilhados pela sociedade como um todo. De fato, muitos de seus valores se opõem.

A sociedade civil preza a liberdade individual. Cada homem e cada mulher têm liberdade de escolher seu próprio caminho, de ascensão ou queda, fazer o que quiser, desde que não restrinjam a liberdade alheia. A cultura guerreira, por outro lado, valoriza a coesão e a obediência. O soldado ou marinheiro não está livre para fazer o que quiser. Ele serve; ele está preso ao cumprimento de seu dever.

Sociedades civis estimulam riqueza e celebridade. A cultura militar preza honra.

A agressão é valorizada numa cultura guerreira. Na vida civil, isso pode levar à cadeia.

Uma cultura guerreira é treinada para a adversidade. Luxúria e bem-estar são objetivos apregoados para o mundo civil.

Sacrifício, particularmente o sacrifício compartilhado, é considerado oportunidade para alcançar honra numa cultura guerreira. Um político civil sequer ousaria mencionar essa palavra.

Abnegação é uma virtude na cultura guerreira. A sociedade civil concorda com essa postura da boca para fora, agindo frequentemente de forma tão egoísta quanto possível.

Será que é saudável para uma sociedade confiar sua defesa a 1% da população, enquanto os outros 99% agradecem aos céus por não terem de fazer o trabalho sujo?

Na antiga Esparta e em outras sociedades já mencionadas, uma cultura do guerreiro (as tropas) existia dentro de uma sociedade guerreira (a própria comunidade). Não havia conflito entre os dois. Um apoiava e reforçava o outro. Lembram-se das histórias das mães espartanas? Quando os 300 foram escolhidos para marchar e morrer nas Termópilas, o choro e a lamúria nas ruas de Esparta eram de esposas e mães de guerreiros que *não* haviam sido escolhidos. As esposas dos 300 caminharam orgulhosas, de olhos secos.

Cento e cinquenta anos mais tarde, Demóstenes, o grande orador ateniense, fez uma série de discursos na assembleia sobre o tema "sacrifício desejado por todos". Os discursos receberam o nome de *Filípicas*, porque preveniam os atenienses contra a ascensão de Felipe da Macedônia, pai de Alexandre, cuja ambição era, claramente, colocar a Grécia sob seu jugo.

> Homens de Atenas, vocês enviarão seus filhos para combater Felipe, esse monstro? Ou estão tão felizes e satisfeitos que não se importam e optam por tropas assalariadas, que não têm seu sangue ou parentesco? Esses mercenários, que só lutam por dinheiro, estarão dispostos a conter Felipe?

Ou algum dia acordaremos para descobrir que, por comodidade, abrimos mão da liberdade futura?

A grandeza da sociedade americana, como sua antepassada ateniense, é ser uma sociedade civil. Liberdade e igualdade são os motores que produzem riqueza, poder, cultura e arte e fazem deslanchar a grandiosidade do espírito humano.

Qual é o lugar do *Ethos* do Guerreiro, então, em uma sociedade civil? Essa pergunta vem sendo feita desde os *Minutemen*,[*] pelas gerações da Segunda Guerra Mundial e da Guerra do Vietnã, até, mais recentemente, nos conflitos no Iraque e Afeganistão.

A grandeza da sociedade americana é que os cidadãos ainda estão debatendo isso, protegidos por aqueles que livremente escolheram abraçar o *Ethos* do Guerreiro. E debatendo com liberdade.

---

[*] N.T.: Colonos nos EUA que se organizavam para formar milícias de guerrilheiros e lutar na Guerra de Independência.

VOLTANDO
PARA CASA

E quanto a nós? Quanto ao soldado ou fuzileiro naval que desembarca do avião vindo do outro lado do oceano e se depara com o lugar mais assustador do mundo:

A pátria.

Será que tudo que ele sabe se tornou inútil? Que conjunto de habilidades ele pode empregar no mundo civil? O guerreiro que retorna encara um dilema não diferente daquele que um recém-liberto de uma prisão tem de encarar. Teria ele estado fora tanto tempo, que retornar não é mais possível? Será que o mundo que conhece está tão alienado do "mundo real" que não poderá se ajustar novamente?

Quem ele é se não é um guerreiro?

A resposta pode não estar tão longe quanto ele supõe.

O guerreiro que retorna pode não perceber, mas se tornou mestre em suportar adversidades e doutor em desembaraço, tenacidade e capacidade para o trabalho pesado.

Pode descobrir que as habilidades de guerreiro que adquiriu são exatamente o que ele e sua família necessitam. E mais: que essas habilidades possuem a capacidade de erguê-lo e sustentá-lo no próximo estágio de vida e em todos os estágios que vierem depois.

A guerra permanece a mesma. O que mudou foi o campo de batalha.

O guerreiro que retorna possui o *Ethos* do Guerreiro, e este é um aliado poderoso em todas as esferas empreendidas.

"PUREZA DA ARMA"

O cidadão às vezes interpreta errado o código do guerreiro; enxerga-o como brutalidade. Superestima o inimigo, não mostra compaixão, quer vencer a qualquer custo.

O Espírito do Guerreiro, no entanto, demanda que a agressão bruta seja temperada pelo autocontrole e guiada por princípios morais.

Soldados das Forças de Defesa israelenses (que com frequência precisam lutar contra inimigos que atacam civis, que agridem ou estocam armas em edifícios religiosos e usam as próprias mulheres e crianças como escudo) aprendem a agir de acordo com o princípio chamado *Tohar HaNeshek*: "pureza da arma". Isso deriva de dois versos do Velho Testamento. Significa que cada soldado precisa avaliar qual é o uso moral e qual é o uso imoral de sua arma.

Quando uma ação é injusta, o guerreiro não deve praticá-la.

Alexandre, em suas campanhas, mirava sempre para além do conflito imediato, com a perspectiva de fazer do inimigo de hoje o aliado de amanhã. Depois de subjugar um inimigo no campo de batalha, seu primeiro ato era honrar a coragem e sacrifício dos adversários – e oferecer aos guerreiros vencidos um lugar de honra em sua própria corporação. Quando Alexandre chegou à Índia, seu exército tinha mais combatentes imigrados das fileiras de antigos inimigos do que da sua unidade de gregos e macedônios.

Ciro da Pérsia acreditava que os espólios de suas vitórias tinham uma finalidade: poder superar os inimigos em generosidade.

Eu concorro com meus adversários apenas nesta arena: na capacidade de ser mais útil para eles do que eles para mim.

Alexandre operava com o mesmo princípio.

Que a nossa conduta estimule todos os homens a desejarem ser nossos amigos e temer a nossa inimizade.

A capacidade de sentir empatia e ter autocontrole nos será de grande serventia, não só nas guerras externas, mas também nos conflitos interiores.

A GUERRA
NO NOSSO ÍNTIMO

Bhagavad Gita é o mais famoso épico guerreiro da Índia. Por milhares de anos, a estrutura de castas indiana foi dominada por duas classes sociais de elite: a brâmane (poetas e santos) e a kshatriya (guerreiros e nobres). *Bhagavad Gita* é a história do grande guerreiro Arjuna, que recebe instrução espiritual de seu cocheiro, que na verdade era Krishna – isto é, deus na forma humana.

Krishna orienta Arjuna a matar os inimigos sem piedade. O deus-guerreiro apontava no campo de batalha para cavaleiros e arqueiros e lanceiros – que Arjuna conhecia pessoalmente e a quem dedicava profunda afeição – e lhe ordenava que os matasse. Mas aqui vem a parte interessante:

> Os nomes desses guerreiros inimigos, em sânscrito, podem ser lidos de duas maneiras. Podem ser simplesmente nomes. Ou podem representar crimes interiores ou vícios pessoais, como ganância, ciúme, egoísmo, tendência de enganar amigos ou não ter compaixão por quem nos ama. Em outras palavras, nosso guerreiro Arjuna está sendo instruído a aniquilar os inimigos em seu *interior*.

A história humana, dizem os antropólogos, pode ser dividida em três estágios: selvageria, barbárie e civilização. Os códigos guerreiros surgiram no período conhecido como Alta Barbárie. Muitas culturas nobres se encaixam nessa categoria, das tribos nativas americanas aos persas de Ciro e aos gregos e troianos imortalizados pela *Ilíada*, de Homero. As origens do *Ethos* do Guerreiro são primitivas. Sua gênese se assenta na ética do "olho por olho, dente por dente" de épocas mais remotas da humanidade.

Bhagavad Gita mudou isso. Esse épico toma o *Ethos* do Guerreiro e eleva-o a um patamar superior e mais nobre: ao plano da vida interior do indivíduo, à luta para se alinhar com sua própria e mais elevada natureza.

O SENHOR
DA DISCIPLINA

No *Gita*, é ordenado ao guerreiro Arjuna trucidar os "inimigos" que estão na base de seu ser. Isto é, erradicar aqueles vícios e demônios interiores, que sabotariam o caminho do guerreiro para atingir seu "eu" melhor e mais elevado.

Como Arjuna é instruído nessa direção? Pela prática da autodisciplina. Em outras palavras, pelo exercício interior de seu *Ethos* de Guerreiro exterior.

O instrutor divino de Arjuna (que tem como uma das titulações em sânscrito

"Senhor da Disciplina") encarrega seu discípulo de:

> Fixar sua mente no objeto.
>
> Agarrar-se a isso, resoluto,
>
> Desconhecendo temor e esperança,
>
> Avançar apenas na direção da meta.

Aqui, o *Ethos* do Guerreiro é dirigido para dentro, empregando as mesmas virtudes usadas para superar inimigos externos – mas engajando agora essas qualidades na causa pela luta interior por integridade, maturidade e uma vida honrosa.

UM RITO DE PASSAGEM

Por que homens e mulheres jovens, numa sociedade livre, alistam-se no Exército? Isso parece desafiar o bom senso. Por que alguém se engajaria em algo mal pago, aceitaria um corte de cabelo mal-ajambrado, correria o risco de ser morto – particularmente em uma sociedade que lhe retribui com pouco mais do que um "Obrigado por seu serviço" ou um adesivo em formato de fita amarela colado no carro?* Por que fazer isso? Por que se alistar?

Uma resposta seria porque o jovem ou a jovem está buscando um rito de passagem.

Quando nos alistamos no Exército ou na Marinha, estamos buscando uma passagem

---

* N. T.: Nos Estados Unidos, a fita amarela é um símbolo popular associado às Forças Armadas e que é vendida, por exemplo, em forma de adesivo para as pessoas manifestarem seu apoio aos soldados.

para a condição adulta. Havíamos examinado nossas vidas no mundo civil e concluído, talvez, que algo estava faltando. Teríamos sentido ausência de autodisciplina? De autoconfiança? Percebemo-nos empacados? Estaríamos indo na direção certa?

O fato é que almejamos ação. Buscamos nos testar. Queremos ter amigos – verdadeiros amigos que se arriscarão por nós e queremos fazer o mesmo por eles. Buscamos uma força que nos atire de nossas vidas sem rumo para o mundo real, encarando ameaças e riscos genuínos. Queremos ser parte de algo mais grandioso do que nós, algo que nos dê orgulho. E queremos sair do processo como uma pessoa diferente da que entrou. Queremos ser homens, não meninos. Queremos ser mulheres, não meninas.

Queremos um rito de passagem. Queremos crescer.

Uma maneira de conseguir isso é ir para a guerra. Homens jovens têm se submetido a esse tipo de iniciação por dez mil anos. Essa passagem está inteiramente entranhada naquilo que o notável psicólogo Carl Jung chamou de "Arquétipo do Guerreiro".

O ARQUÉTIPO
DO GUERREIRO

Jung foi um estudioso de mitos e lendas, e do inconsciente. Descobriu e deu nome de Inconsciente Coletivo para a parte da psique comum a todas as culturas, em todas as eras e em todos os tempos.

Segundo Jung, o Inconsciente Coletivo contém a sabedoria armazenada pela raça humana, acumulada em milhares de gerações.

O Inconsciente Coletivo é o software com que nascemos. É nosso pacote de conhecimentos instintivos e pré-verbais. Nesse pacote, Jung descobriu o que chamou de arquétipos.

Arquétipos são as personificações dos estágios amplos e em escala mítica pelos quais passamos durante o amadurecimento – o jovem, o amante, o andarilho, o palhaço, o rei ou a rainha, o sábio, o místico. Lendas como a do Rei Artur e os Cavaleiros da Távola Redonda estão carregadas de arquétipos. Filmes estão cheios de arquétipos. Mesmo um baralho tem arquétipos: rei, rainha, valete, curinga.

Os arquétipos têm a finalidade de nos guiar à medida que crescemos. Um novo arquétipo surge a cada novo estágio. E faz cada fase nova "parecer correta" e "natural".

Um dos primeiros arquétipos é o do guerreiro. O arquétipo do guerreiro existe desde sempre e em todas as nações e é quase idêntico em todas as culturas.

No livro *Rei, guerreiro, mago, amante: a redescoberta dos arquétipos masculinos*, Robert Moore e Douglas Gillette informam que o ser humano vai amadurecendo "de arquétipo em arquétipo". Um garoto, por exemplo, desenvolve-se em sequência, passando de jovem, andarilho, amante, guerreiro, e depois marido e pai, professor, rei, sábio e místico.

O arquétipo do guerreiro surge como um relógio biológico entre começo e meio da adolescência. Nós nos juntamos em grupo, testamo-nos em times de futebol, saímos com os manos, dirigimos em alta velocidade, ousamos demais, buscamos aventuras e riscos. Isso mudará mais tarde. Quando o arquétipo de marido/pai chegar, vamos trocar nosso vertiginoso Mustang por um Fiat bem comportado. Mas não já.

Por enquanto, estamos capturados pelo arquétipo do guerreiro. Algo dentro de nós nos leva a querer pular de aviões e explodir tudo. Algo nos faz buscar gurus – velhos sargentos, velhos valentões, que nos levem ao inferno, levem-nos até nossos limites, para descobrir do que somos capazes. E procuramos companheiros de jornada. Camaradas que nos apoiarão e a quem retribuiremos dando apoio, amigos para toda a vida que sejam tão loucos como nós.

O SÁBIO
NU

Moore e Gillette dizem mais. Afirmam que as experiências e a sabedoria que acumulamos sob um arquétipo se tornam a fundação para os futuros arquétipos.

Em outras palavras, as lições que aprendemos não se perdem. As virtudes que adquirimos, durante nossa vivência no arquétipo do guerreiro, poderão ser usadas quando amadurecermos para o papel de marido, pai, mentor, rei. Devemos mantê-las e nos beneficiar delas, por toda a vida.

Alexandre encontrou na Índia alguns gimnosofistas[*] (literalmente "sábios nus"), iogues sentados em meditação sob o sol, às margens do rio Indo. O destacamento de Alexandre queria passar pela rua movimentada, mas aquele era o lugar dos iogues, e eles não se moveram. Um dos jovens e zelosos tenentes tomou a iniciativa de expulsar os santos homens do caminho do rei. Quando um dos sábios resistiu, o oficial começou a insultá-lo. Alexandre se aproximou. O tenente apontou Alexandre e disse para o iogue "Este homem conquistou o mundo! E você, o que realizou?". O homem levantou calmamente os olhos e respondeu, "Eu venci a necessidade de conquistar o mundo".

Diante disso, Alexandre riu em aprovação. Admirou o sábio homem nu.

---

[*] N.T.: Gimnosofistas é o nome dado pelos gregos aos filósofos orientais que meditavam despidos, vagueando pela Índia.

"Se eu pudesse ser qualquer outro homem do mundo que não eu mesmo, eu seria esse homem", disse.

O que Alexandre estava reconhecendo era que o iogue também era um guerreiro. Um guerreiro no íntimo. Alexandre olhou para ele e pensou "Esse homem foi um lutador quando tinha minha idade. Ele aprendeu as lições como guerreiro, duelando com inimigos externos, e as está usando agora para encarar adversários internos e alcançar o domínio sobre si mesmo".

A COISA MAIS DIFÍCIL
NO MUNDO

A coisa mais difícil no mundo é sermos nós mesmos.

Quem somos nós? A família nos diz, a sociedade nos diz, leis e costumes nos dizem. Mas o que dizemos *nós*? Como chegamos a esse lugar de autoconhecimento e convicção em que conseguimos afirmar sem qualquer dúvida, medo ou raiva "Isto é o que sou, isto é aquilo em que acredito, isto é como pretendo viver minha vida"?

Como encontramos nosso verdadeiro chamado, nossos companheiros de alma, nosso destino?

Nessa busca, nosso mais poderoso aliado é o Espírito do Guerreiro.

Dirigido para dentro, o *Ethos* do Guerreiro nos alicerça, fortifica-nos e foca nossa determinação.

Como soldados, aprendemos a disciplina. Agora, ensinamos a nós mesmos a autodisciplina.

Como combatentes, fomos motivados, comandados e aprovados por outros. Agora, nós nos educamos em automotivação, em autocomando, em autoaprovação.

O arquétipo do guerreiro não é o objetivo máximo na vida. É apenas uma identidade, um estágio no caminho da maturidade. Mas é o maior estágio e o mais poderoso. É a fundação sobre a qual todos os próximos estágios se apoiarão.

Assim, sejamos então guerreiros do coração e integremos em nosso íntimo as virtudes adquiridas a sangue e suor na esfera do conflito – coragem, paciência, abnegação, lealdade, fidelidade, autocomando, respeito pelos mais velhos, amor aos companheiros (e aos adversários), perseverança, alegria na adversidade e um senso de humor, mesmo que breve ou sombrio.

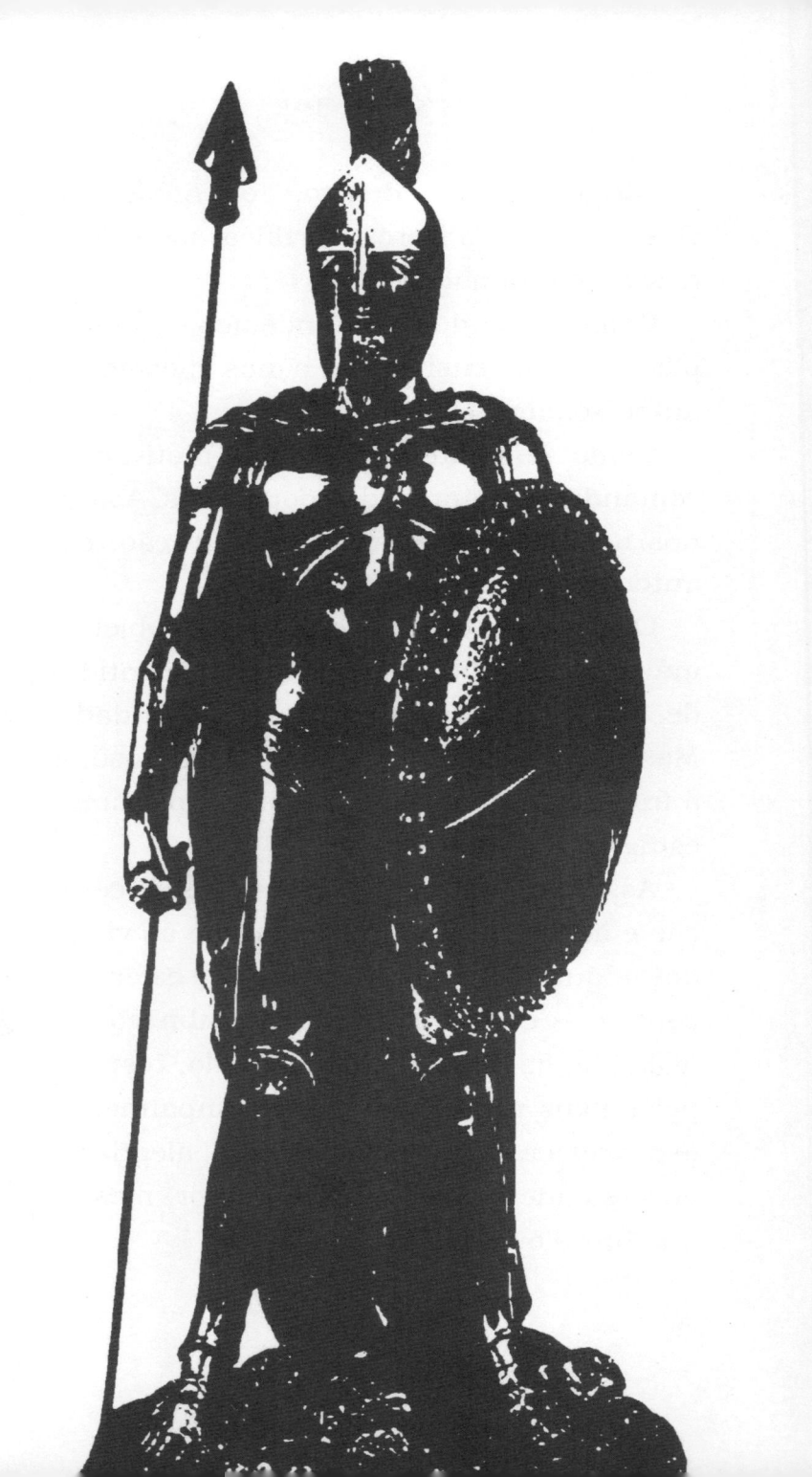

BIBLIOGRAFIA

As histórias e os casos deste livro vêm das seguintes fontes (embora o autor admita que às vezes não consegue lembrar qual vem de onde). Todas as citações foram traduzidas ou reconstituídas pelo autor.

Arrian, *The Campaigns of Alexander*

Bhagvad-Gita, numerosas traduções

Curtius, *History of Alexander*

Demosthenes, *Philippics* (ed. brasileira: Demóstenes, *As três Filípicas*)

Frontinus, *Stratagemata*

Herodotus, *The Histories* (ed. brasileira: Heródoto, *Histórias*)

Homer, *Iliad* (ed. brasileira: Homero, *Ilíada*)

Moore, Robert e Douglas Gillette, *King, Warrior, Magician, Lover: Rediscovering the Archetypes of the Mature Masculine* (ed. brasileira: Moore, Robert e Gillette, *Rei, guerreiro, mago, amante: a redescoberta dos arquétipos do masculino*)

Plutarch, *Moralia* (incluindo *Sayings of the Spartans* e *Sayings of the Spartan Women*) (ed. brasileira: Plutarco, *Obras morais*)

Plutarch, *Life of Lycurgus*
Plutarch, *Life of Alexander*
Plutarch, *Life of Epaminondas* (ed. brasileira: Plutarco, *As vidas dos homens ilustres*)

Polyaenus, *Stratagemata*

Thucydides, *History of the Peloponnesian War* (ed. brasileira: Tucídides, *A História da Guerra do Peloponeso*)

Vegetius, *De Re Militari*

Xenophon, *Constituition of the Spartans*

Xenophon, *The Education of Cyrus* (ed. brasileira: Xenofonte, *A educação de Ciro*)

Xenophon, *Anabasis* ["The March Up-country"]

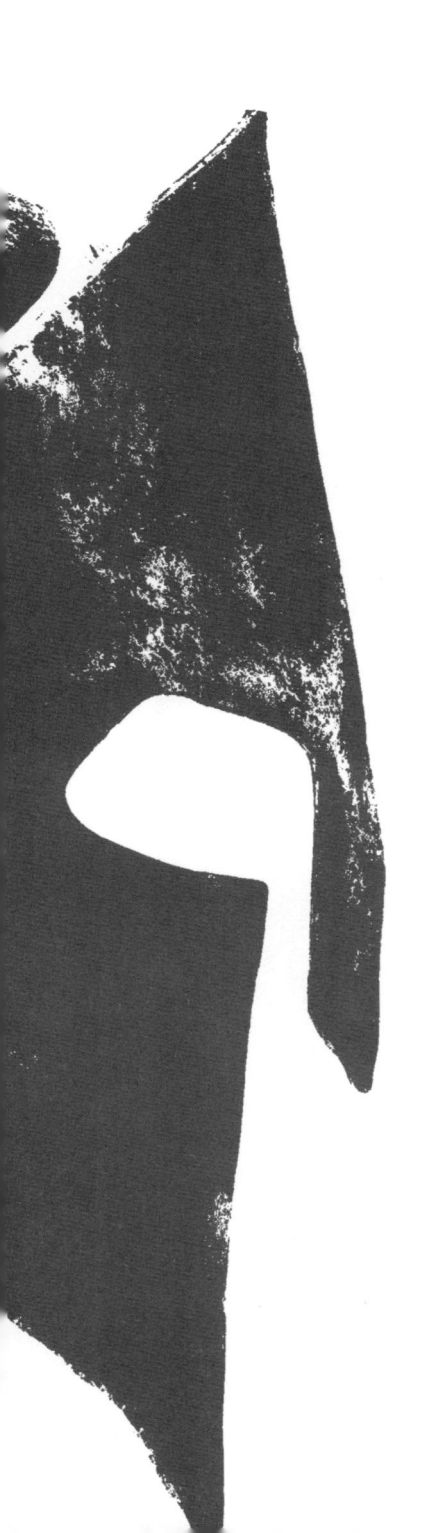

O AUTOR

STEVEN PRESSFIELD graduou-se na Duke University e serviu no Corpo de Fuzileiros Navais dos Estados Unidos. É roteirista e autor de uma dúzia de livros de ficção e não ficção, como *Portões de Fogo* e *A Porta dos Leões*, publicados pela Contexto. Em 2003, recebeu o título de cidadão honorário da cidade de Esparta, na Grécia.

GRÁFICA PAYM
Tel. [11] 4392-3344
paym@graficapaym.com.br